먹고 놀고 즐기는
열두 달 기념일

글 전미경
책을 읽고 또 읽던 어린이가 자라서 책 만드는 사람이 되었습니다. 대학에서 독어독문학을 공부했고, 지금은 어린이책을 기획하고, 쓰고, 편집하는 곰곰에서 일하고 있습니다. 쓴 책으로는 《몸, 잘 자라는 법》과 《옷, 잘 입는 법》이 있습니다.

그림 이수영
대학에서 시각디자인을 공부했습니다. 쓰고 그린 책으로는 《텔레비전이 고장 났어요!》가 있고, 그린 책으로는 《초등학생을 위한 인물 한국사 3 – 조선》, 《사회가 재미있는 그림교과서》, 《사계절 자연이 궁금해!》, 《우주에서 우리 집을 찾아라!》 등이 있습니다.

먹고 놀고 즐기는 **열두 달 기념일**

초판 발행 2018년 5월 11일
개정판 1쇄 발행 2024년 1월 22일
개정판 2쇄 발행 2025년 5월 16일

글쓴이 전미경
그린이 이수영
발행인 이종원
발행처 길벗스쿨
출판사 등록일 2006년 6월 16일
주소 서울시 마포구 월드컵로 10길 56(서교동)
대표전화 (02)332-0931 | 팩스 (02)323-0586
홈페이지 www.gilbutschool.co.kr | 이메일 gilbut@gilbut.co.kr

기획 및 책임편집 최문영 | 교정교열 이현주
제작 이준호, 손일순, 이진혁 | 마케팅 양정길, 지하영, 김령희 | 영업유통 진창섭
영업관리 정경화 | 독자지원 윤정아
디자인 윤현이 | CTP출력 및 인쇄 상지사 | 제본 상지사

ⓒ 전미경, 이수영 2018

· 잘못 만든 책은 구입한 서점에서 바꿔 드립니다.
· 이 책은 저작권법에 따라 보호받는 저작물이므로 무단전재와 무단복제를 금합니다. 이 책의 전부 또는 일부를 이용하려면 반드시 사전에 저작권자와 길벗스쿨의 서면 동의를 받아야 합니다.

ISBN 979-11-6406-654-4 (73380) (길벗스쿨 도서번호 200415)

독자의 1초까지 아껴주는 정성 **길벗출판사**
길벗 IT실용서, IT/일반 수험서, IT전문서, 경제실용서, 취미실용서, 건강실용서, 자녀교육서
더퀘스트 인문교양서, 비즈니스서
길벗이지톡 어학단행본, 어학수험서
길벗스쿨 국어학습서, 수학학습서, 유아학습서, 어학학습서, 어린이교양서, 교과서

제품명 : 열두 달 기념일
제조사명 : 길벗스쿨
제조국명 : 대한민국
사용연령 : 5세 이상
주소 : 서울시 마포구 월드컵로 10길 56 (서교동)
전화번호 : 02-332-0931
제조년월 : 판권에 별도 표기
KC마크는 이 제품이 공통안전기준에 적합하였음을 의미합니다.

먹고 놀고 즐기는
열두 달 기념일

전미경 글 · 이수영 그림

길벗스쿨

| 차례 |

1월
- **신정** 1월 1일 6
- **겨울 방학** 12월 말부터 2월 초
- **소한** 1월 6일 또는 7일

2월
- **설날** 음력 1월 1일 12
- **입춘** 2월 4일경
- **정월 대보름** 음력 1월 15일

3월
- **새 학년 시작** 3월 2일 20
- **삼일절** 3월 1일
- **경칩** 3월 5일경
- **춘분** 3월 21일경

4월
- **봄 소풍** 26
- **식목일** 4월 5일

5월
- **어버이날** 5월 8일 30
- **근로자의 날** 5월 1일
- **어린이날** 5월 5일
- **스승의 날** 5월 15일
- **부처님 오신 날** 음력 4월 8일

6월
- **단오** 음력 5월 5일 40
- **현충일** 6월 6일
- **하지** 6월 21일경
- **6·25 전쟁일** 6월 25일

7월

여름 방학 7월부터 8월 중순 46

제헌절 7월 17일

여름휴가 7월 말부터 8월 초
(**유두절** 음력 6월 15일)

8월

광복절 8월 15일 52

칠석 음력 7월 7일

9월

추분 9월 23일경 56

추석 음력 8월 15일

10월

개천절 10월 3일 62

한글날 10월 9일

가을 소풍

핼러윈 10월 31일

11월

입동 11월 8일경 68

12월

대설 12월 8일경 72

동지 12월 22일 또는 23일

크리스마스 12월 25일

마지막 날 12월 31일

1월

신정 1월 1일

새해 첫날이에요. 일찍 일어나서 새해 처음 떠오르는 해를 보며 마음가짐을 새롭게 하고 소원을 빌어요. 이것을 '해맞이'라고 하지요. 해를 잘 볼 수 있는 산이나 바다로 여행을 떠나도 좋아요.

1월

새해 카드 주고받기

새해가 되면 한 해 동안 복을 비는 마음을 담은 카드를 주고받아요. '연하장'이라고도 해요. 카드를 사서 보내도 좋지만 내 손으로 정성껏 만들고 꾸며서 사랑하는 가족, 고마운 선생님, 친한 친구에게 보내 봐요.

연하장 만드는 법

1. 두꺼운 도화지를 가로 30센티미터, 세로 20센티미터 크기로 잘라요. 그런 다음 반으로 접어요.

2. 겉장을 예쁘게 꾸며요. 색연필로 그림을 그리거나 색종이, 스티커를 붙여도 좋아요.

3. 얇은 색도화지를 겉장보다 조금 작게 잘라 안쪽에 붙여요. 그 위에 편지를 써요.

겨울 방학 12월 말부터 2월 초

겨울에 한 달 조금 넘게 학교에 가지 않을 때가 있어요. 겨울 방학이에요. 날씨가 너무 추워서 학교에 오가거나 교실에서 공부하기가 힘들거든요. 방학 때는 따뜻한 집에서 주로 지내요.

생활 계획표 만들기
남는 시간을 그냥저냥 보내기보다 어떻게 보낼지 계획을 잘 세워 봐요.

스케이트 타기

너무 추운 날이 아니라면 밖에 나가서 겨울 놀이를 즐겨요. 얼음판에서 타는 스케이트도 무척 재미있어요. 스케이트를 탈 때는 안전 복장을 잘 갖추어야 넘어져도 크게 다치지 않아요.

보호 헬멧을 써야 넘어져도 머리를 다치지 않아요.

허리를 세우되 뒤로 젖히지 않아요.

장갑을 꼭 껴요. 넘어졌을 때 스케이트 날에 손을 다칠 수 있거든요.

무릎을 조금 굽혀야 자빠지지 않아요.

스케이트는 발에 딱 맞는 걸 신고, 헐렁이지 않게 끈을 꽉 묶어요.

1월

소한 1월 6일 또는 7일

소한은 24절기 중 하나로 일 년에서 가장 추운 날이에요. 동물들은 꼭꼭 숨어 겨울잠을 자고, 나무들은 빈 가지만 남은 채 서 있어요. 물은 꽁꽁 얼어붙고, 함박눈이 펑펑 내리면 온 세상을 하얗게 뒤덮지요.

쿨쿨~ 겨울잠을 자고 있어!

곰
개구리
뱀
고슴도치
다람쥐

추운 겨울철 간식 먹기

겨울철 간식으로는 따끈따끈해서 속이 따뜻해지는 것들이 많아요. 새콤달콤 귤도 빼놓을 수 없지요.

군밤
붕어빵
호떡
군고구마
귤
찐빵

옛날 조상들은 주로 농사를 지어 먹고 살았어요. 농사가 잘되려면 날씨가 아주 중요해요. 그래서 날씨와 계절의 변화를 잘 알기 위해 노력했지요. 조상들은 태양의 위치에 따른 자연의 변화를 세심하게 관찰해서 일 년을 스물넷으로 나누었어요. 이것을 '24절기'라고 해요.

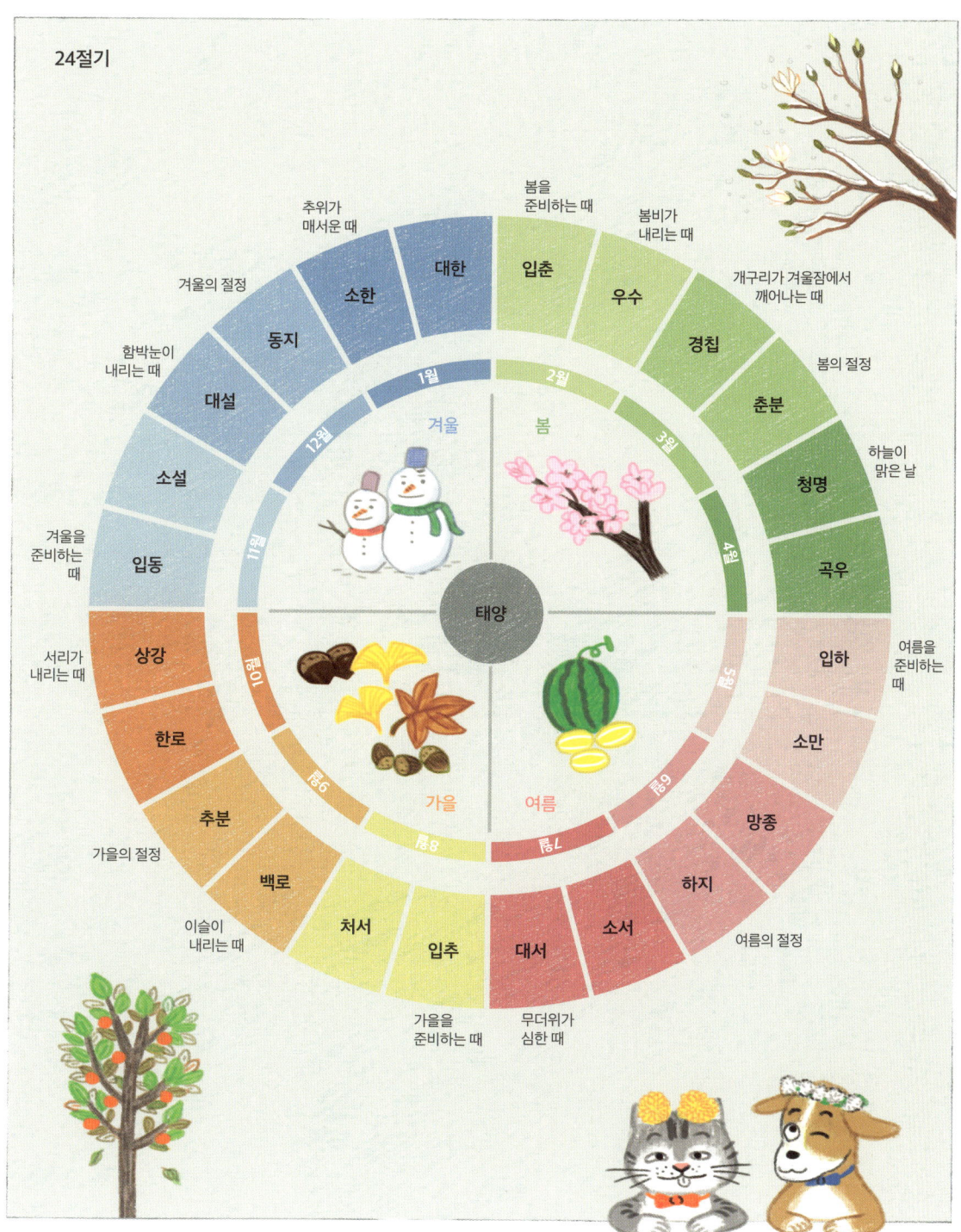

2월

설날 음력 1월 1일

음력으로 새해 첫날이에요. 아침에 조상님께 감사하는 마음으로 차례를 지내요. 차례가 끝나면 집안 어른들께 세배를 드려요. 그러면 새해 덕담도 해 주시고, 세뱃돈도 주시지요.

2월

설빔 입기

설을 맞아 새로 지어 입는 한복을 '설빔'이라고 해요. 여자아이는 색동저고리에 치마를 입고, 남자아이는 까치두루마기에 바지를 입어요.

떡국 먹기

예부터 설날에 떡국을 먹어야 한 살 더 먹는다고 했어요.
떡국은 긴 가래떡을 동전 크기로 썰어 넣고 끓여요.
사람도 긴 가래떡처럼 오래 살라는 뜻이 담겨 있지요.

윷놀이하기

윷놀이는 작은 통나무로 만든 윷 4개를 던져서 승부를 겨루는 놀이예요. 둘씩 또는 넷씩 편을 나누어 하면 재미있어요.

준비물

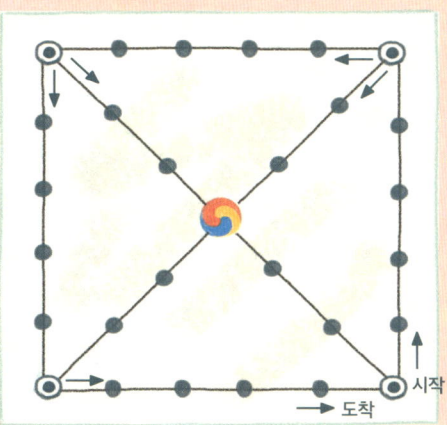

윷판

 말 4개

윷 4개

놀이법

1. 큰 종이에 그림처럼 칸을 그려 윷판을 만들어요.
2. 윷을 던져서 도개걸윷모 패가 나오는 대로 말을 움직여요.
3. 말이 ◉에 도착하면 지름길로 갈 수 있어요.
4. 내 말이 다른 사람 말이 있는 자리에 도착하면 그 말을 잡아서 처음으로 돌아가게 해요. 이때는 윷을 한 번 더 던질 수 있어요.
5. 내 말이 있는 자리에 내 말이 도착하면 같이 움직여요.
6. 말이 먼저 집으로 들어오는 사람이 이겨요.

 도 앞으로 1칸

 개 앞으로 2칸

 걸 앞으로 3칸

 윷 앞으로 4칸, 윷을 한 번 더 던져요.

 모 앞으로 5칸, 윷을 한 번 더 던져요.

밖에 나가 전통 놀이하기

딱지치기
내 딱지로 다른 사람의 딱지를 쳐서 뒤집으면 이겨요.

팽이치기
채로 팽이를 쳐서 쓰러지지 않게 계속 돌려요.

제기차기
제기를 떨어뜨리지 않고 가장 오래 차는 사람이 이겨요.

2월

아침에 복조리 걸고 밤에는 체 걸기

새해 이른 아침에 문이나 벽에 복조리를 걸어 둬요. 조리는 쌀에 섞여 있는 돌이나 지푸라기를 골라내는 도구로, 복조리에는 새해의 복을 조리로 일어 얻는다는 뜻이 담겨 있어요. 그리고 밤이 되면 문 밖에 체를 걸어요. 신발을 훔쳐 간다는 야광귀를 쫓기 위해서지요.

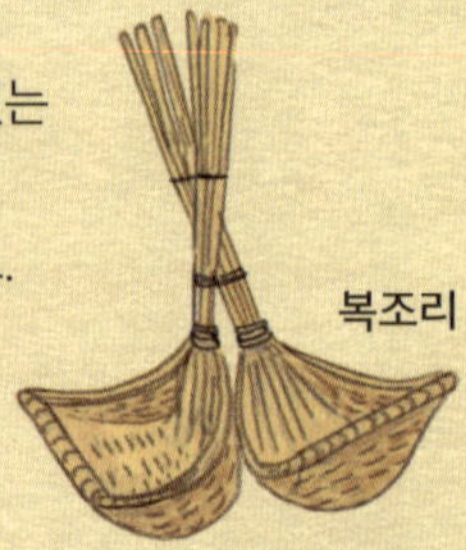

복조리

야광귀
설날 밤에 집집마다 돌면서 잠든 아이의 신발을 훔쳐 가는 귀신이에요. 야광귀에게 신발을 도둑맞은 주인은 일 년 동안 운이 없대요. 밤에 문 밖에 체를 걸어 두면 야광귀가 체 구멍을 세다가 날이 새 버려서 그냥 간다고 하지요.

이백스물하나, 이백스물둘…

달력에는 양력과 음력이 있어요. 우리가 흔히 쓰는 달력은 양력이에요. 음력은 양력 달력 아래에 작은 글씨로 적혀 있고, 양력보다 한 달쯤 늦어요. 그래서 설날(음력 1월 1일)이 신정(양력 1월 1일)보다 한 달 정도 뒤에 와요.

양력
지구가 태양을 한 바퀴 도는 데 일 년이 걸려요. 이것을 기준으로 만든 달력이에요.

달

지구

태양

음력
달이 지구를 한 바퀴 도는 데 한 달이 걸려요. 이것을 기준으로 만든 달력이에요.

입춘 2월 4일경

입춘은 음력 새해가 되고 처음 오는 절기예요. 봄기운이 들어서는 날이지요.
날씨는 여전히 쌀쌀하지만 이제부터는 하루가 다르게 따뜻해져요.

입춘대길!
여기 글씨 위에 직접 따라 써 봐.

봄이 왔다는데 아직 추워요.

立春大吉

입춘대길
봄이 오니 좋은 일이 많이 생길 거라는 뜻이에요.
크게 써서 문에 붙여 두기도 해요.

입맛 돋우는 봄나물 먹기

이른 봄에 산과 들에 돋아나는 여러 가지 봄나물로 반찬을 만들어 먹어요. 겨울철 움츠러든 몸과 마음을 깨워 주는 산뜻하고 건강한 음식이에요.

냉이

달래

돌나물

2월 **정월 대보름** 음력 1월 15일

설날이 지나고 처음으로 보름달이 뜨는 날이에요. 환하게 비추는 달빛이 올 한 해 나쁜 기운과 병을 모두 물리쳐 준대요. 이날에는 오곡밥과 아홉 가지 나물 반찬을 만들어 먹어요. 갖가지 몸에 좋은 음식을 챙겨 먹어서 한 해를 건강하게 나길 바라는 뜻이 담겨 있지요.

아홉 가지 나물 반찬
호박나물, 고사리나물, 무나물, 콩나물, 가지나물, 시래기나물, 시금치나물, 버섯나물, 도라지나물

오곡밥
다섯 가지 곡식을 섞어 지은 밥으로 '오곡밥'이라고 불러요.
찹쌀, 조, 수수, 팥, 콩

더위팔기

정월 대보름날 아침에 만난 사람을 불러서 더위를 팔면 그 해 여름에 더위를 타지 않는다고 해요.
더위를 산 사람이라도 '내 더위 네 더위 맞더위'라고 말하면 역시 더위를 타지 않는대요.

부럼 깨물기

호두나 땅콩 같은 견과류를 어금니로 깨물어 먹어요. 자기 나이만큼 깨물면 피부에 부스럼이 나지 않고 이가 튼튼해진대요.

달맞이하기

저녁에 밝고 커다란 보름달이 뜨면 소원을 빌어요. 내가 한 해 이루고 싶은 일과 소중한 것들을 생각해 볼 수 있어요.

자기소개하기
새 학년에 올라가면 반 친구들과 선생님께 나를 소개해요.
이름을 말하고 좋아하는 것이나 취미 등을 덧붙여 이야기하면 돼요.
친구들과 친해질 수 있는 기회가 될 거예요.

삼일절 3월 1일

3월

1919년에 일어난 만세 운동을 기념하는 날이에요. 우리나라는 1910년부터 35년 동안 일본의 지배를 받았어요. 일본은 땅과 곡식을 마구 빼앗고 우리말도 쓰지 못하게 했어요. 하지만 우리 조상들은 온갖 어려움에도 나라를 되찾기 위해 끝까지 싸웠답니다.

삼일 정신상
천안에 있는 독립기념관 입구에는 만세 운동의 모습을 재현한 삼일 정신상이 세워져 있어요. 일본의 지배에 맞서 싸운 우리 조상들의 모습을 기억하기 위해 만들었지요.

삼일절은 나라에서 중요한 날로 정한 국경일이에요. 국경일에는 건물이나 거리 곳곳에 태극기를 달고 하루를 기념해요.

삼일 운동
지금으로부터 거의 100년 전인 1919년 3월 1일, 사람들이 태극기를 들고 거리로 나와 만세를 외쳤어요. 우리를 핍박하던 일본에 저항한 것이지요. 3월 1일에 서울에서 처음 일어난 만세 운동은 온 나라로 퍼져 나갔어요.

대한 독립 만세!
대한 독립 만세!

유관순 열사
열여덟 살에 서울에서 일어난 삼일 운동에 참여했어요. 고향 천안에서도 만세 운동을 이끌었지요. 고문과 죽음까지 무릅쓴 위대한 독립운동가예요.

태극기 달기
태극기는 아침에 달고 해가 지기 전에 거두어요. 바람이 심하게 불거나 비가 오는 날에는 달지 않아요.
태극기에 그려진 것들은 우주와 세상을 표현하지요.

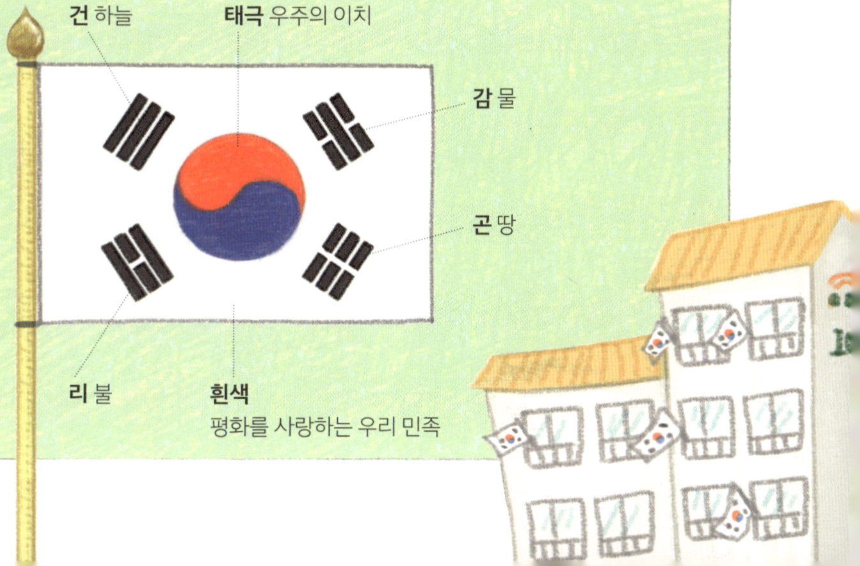

건 하늘
태극 우주의 이치
감 물
곤 땅
리 불
흰색 평화를 사랑하는 우리 민족

3월

경칩 3월 5일경

개구리가 겨울잠에서 깨어난다고 하는 날이에요. 동물들과 곤충들이 하나둘 깨어나 땅 위로 올라오고, 씨앗들도 새싹을 내보내요. 햇빛이 세어지면서 아지랑이가 피어나 먼 곳이 아른아른하게 보이기도 한답니다.

다들 겨울잠에서 깨어나는구나!

봄맞이 대청소하기

추위와 바람을 막기 위해 창문에 붙여 두었던 비닐을 떼어 내요. 겨울옷은 상자나 서랍에 정리하고, 난로나 전기장판도 한곳에 잘 보관해요. 집 안에 쌓인 먼지도 말끔히 닦아요.

춘분 3월 21일경

밤과 낮의 길이가 똑같아지는 날이에요. 어제까지는 밤이 더 길었고, 내일부터는 낮이 조금씩 더 길어져요. 이제 겨울이 완전히 지나고 봄이 찾아와요. 농부들은 한 해 농사를 시작하기 위해 논밭을 갈지요.

봄에는 동식물이 깨어나고 날씨가 따뜻해져서 활기찬 느낌이 들어요. 그러나 봄의 불청객이라고 불리는 것들도 있어요. 현명하게 극복해서 몸도 마음도 상쾌하게 지내봐요.

춘곤증
봄에는 몸이 나른해지고 자꾸 졸려요. 계절이 바뀌면서 몸이 적응하느라 그런 거예요. 쑥이나 냉이, 달래 같은 봄나물을 먹으면 기분도 좋아지고 몸이 건강해져요.

봄나물을 넣고 끓인 된장국

황사와 미세먼지
중국에서 바람을 타고 날아오는 흙먼지를 '황사'라고 해요. 자동차나 공장에서 나오는 미세먼지도 심각해요. 심한 날에는 바깥에 나가지 않는 게 가장 좋아요. 밖에 나갈 때는 꼭 마스크를 쓰고, 집에 돌아와서는 손과 얼굴, 몸을 깨끗이 씻어요.

꽃샘추위
봄에는 며칠 따뜻하다가 갑자기 추워질 때가 있어요. 날씨가 꽃이 피는 걸 시샘하여 추워진다고 해서 '꽃샘추위'라고 불러요.

4월 봄 소풍

4월은 꽃의 계절이에요. 길에는 노란 민들레가 피고, 담장마다 샛노란 개나리가 늘어져 있어요. 바람이 불 때마다 벚꽃 잎이 눈처럼 흩날려요. 날씨도 따뜻해져서 소풍 가기 딱 좋지요.

민들레

개나리

4월

봄꽃 장난감 만들기

꽃반지 만드는 법

1. 제비꽃 아래 줄기에 손톱으로 작은 구멍을 내요.
2. 줄기 끝을 구멍에 끼워요.
3. 손가락에 끼우고 줄기를 당겨요. 남는 줄기는 잘라 내요.

제비꽃 반지

토끼풀로도 만들 수 있어!

토끼풀 꽃반지

민들레 시계 만드는 법

1. 줄기를 반으로 갈라요.
2. 손목에 찬 다음 묶어요.

풀피리 만드는 법

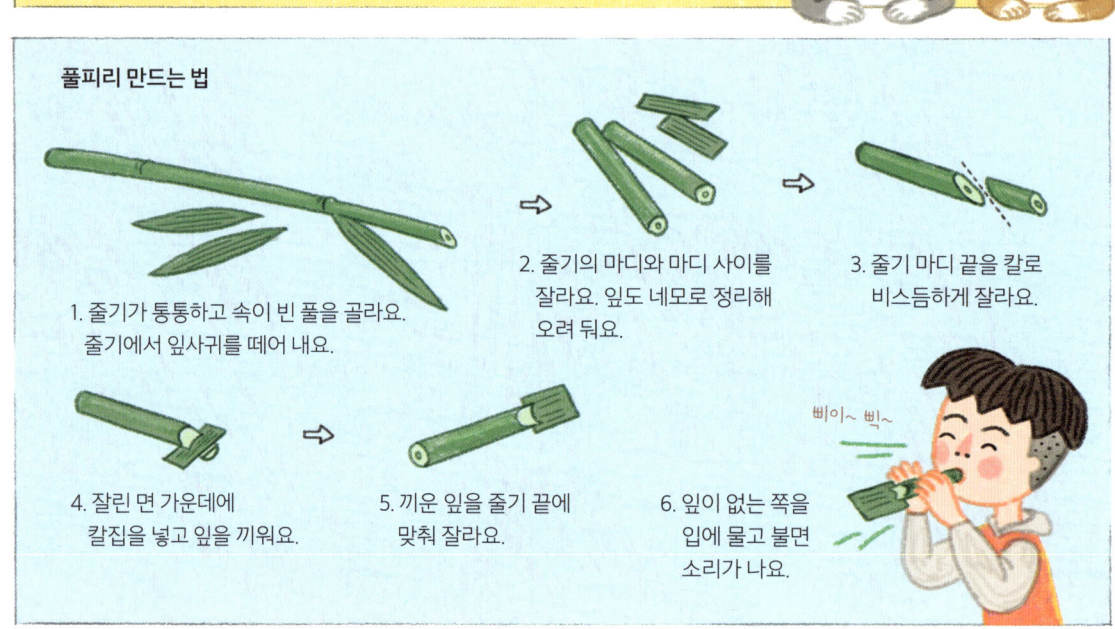

1. 줄기가 통통하고 속이 빈 풀을 골라요. 줄기에서 잎사귀를 떼어 내요.
2. 줄기의 마디와 마디 사이를 잘라요. 잎도 네모로 정리해 오려 둬요.
3. 줄기 마디 끝을 칼로 비스듬하게 잘라요.
4. 잘린 면 가운데에 칼집을 넣고 잎을 끼워요.
5. 끼운 잎을 줄기 끝에 맞춰 잘라요.
6. 잎이 없는 쪽을 입에 물고 불면 소리가 나요.

삐이~ 삑~

식목일 4월 5일

나무를 심는 날이에요. 나무는 산소를 뿜어내 공기를 맑게 해 주고, 큰비가 오면 뿌리로 흙이 떠내려가지 않게 잡아 줘요. 봄에는 꽃, 가을에는 단풍으로 주변을 아름답게 하고, 여름에는 시원한 그늘을 만들어요. 튼튼한 줄기와 기둥은 새와 다람쥐, 곤충 들의 보금자리가 되고, 잎과 열매는 먹을거리가 돼요. 또한 나무는 우리가 사용하는 종이나 책상을 만들 때, 집을 지을 때도 꼭 필요한 재료랍니다.

나무의 일 년
나무는 계절마다 모습이 바뀌어요. 봄에는 꽃이 피고, 여름에는 잎이 무성해지고 열매가 자라요. 가을에는 열매가 무르익고 곱게 단풍이 들어요. 겨울에는 열매와 잎을 떨어뜨리고 다음 해를 준비하지요.

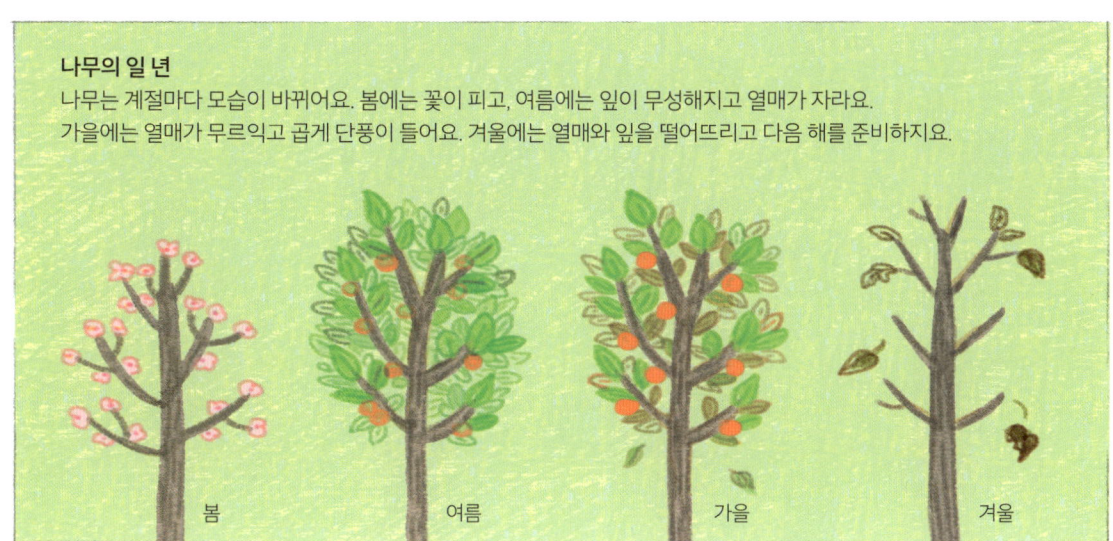

봄 　 여름 　 가을 　 겨울

5월

어버이날 5월 8일

어버이날은 부모님께 감사를 드리는 날이에요. 감사 편지를 쓰거나 카네이션을 달아 드려요. 할머니와 할아버지, 이모나 삼촌 등 평소 고마웠던 주변 어른께 인사를 드리는 것도 좋아요.

5월 근로자의 날 5월 1일

근로자는 일은 한 대가로 돈을 벌어 생활하는 사람을 말해요. '노동자'라고도 부르지요. 근로자들의 일하는 환경과 조건을 높이기 위하여 만든 날이 '근로자의 날'이에요. 미국, 프랑스 등 다른 나라에서도 메이데이(May day)라는 이름으로 5월 1일마다 기념해요. 근로자는 물론이고, 매일매일 열심히 일하며 돈을 벌고 있는 우리 주변의 모든 사람들을 떠올려 봐요.

- 택배 기사
- 헤어 디자이너
- 의사
- 간호사
- 농부
- 제빵사
- 경찰관
- 영어 교사
- 택시 운전기사
- 회사원
- 경비원
- 소방관
- 환경미화원

근로 기준법

근로자를 위해 만든 법이에요. 예전에는 근로자들이 위험한 환경에서 건강을 해칠 정도로 긴 시간을 일하고도 대가를 받지 못하는 경우가 많았어요. 그래서 많은 노동자들이 힘을 모아 근로자가 정당한 대가를 받고 보람을 느끼며 일할 수 있는 법을 만들었어요.

아름다운 청년, 전태일

전태일은 근로자를 위한 법이 잘 지켜지도록 노력한 사람이에요. 전태일이 일했던 청계천에는 그의 뜻을 기리기 위해 동상을 세워 두었어요. 우리나라 모든 근로자를 대표하는 사람이지요.

내가 하고 싶은 일 그리기

엄마 아빠가 무슨 일을 하시는지 자세히 물어봐요. 여러 직업들을 찾아보고, 어른이 되면 어떤 일을 하면 좋을지 그림으로도 그려 봐요.

5월

어린이날 5월 5일

어린이를 위한 날이에요! 모든 어린이가 차별받지 않고 행복하게 자라도록 한 날이지요. 이날은 아무 걱정 없이 신나게 웃고 뛰놀아요.

어린이의 벗, 방정환

오래전에는 어린이라는 말이 없었어요. 그냥 아이라고 부르며, 어른이 함부로 대해도 된다고 생각했지요. 방정환은 아이들 누구나 존중받고 보호받아야 한다며 '어린이'라는 말을 처음 만들고, '어린이날'도 정했어요.

어린이 헌장 내용

어린이라면 누구든 따뜻한 가정에서 사랑받으며 자라고, 잘 먹고, 아프면 치료받고, 즐겁게 놀아야 하고, 학대받지 않고, 나쁜 일에 이용되지 않아야 한다.

어린이날 행사에 가 보기

어린이날에는 갈 곳이 많아요. 어린이를 위해 여러 가지 행사가 열리거나 입장료가 무료인 곳도 있지요.

공연장

고궁

과학관

전시장

스승의 날 5월 15일

> 5월

스승의 날은 선생님께 감사하는 날이에요. 선생님은 어린이를 가장 가까이에서 보살펴 주시는 분이지요. 감사하는 마음을 담아 편지를 쓰고, 카네이션을 예쁘게 만들어 달아 드리면 어떨까요?

카네이션 달아 드리기

얇은 종이로 입체감 있는 카네이션을 만들어 봐요. 선생님이나 부모님이 정성이 가득한 카네이션을 받는다면 정말 좋아하실 거예요.

카네이션 만드는 법

1. 핑킹가위로 빨강, 분홍, 노랑 색종이(색깔 습자지)를 그림처럼 동그랗게 오려요. 크기를 조금씩 다르게 해야 돼요.

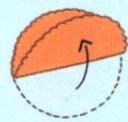 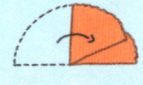

2. 빨강 동그라미를 그림처럼 여러 번 반으로 접어요. 분홍, 노랑 동그라미도 같은 방법으로 접어요.

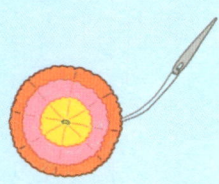

3. 빨강, 분홍, 노랑 동그라미들을 펼쳐서 겹쳐요. 가장 작은 크기가 맨 안쪽에 와요. 그러고는 가운데를 실로 꿰매요.

4. 꽃잎을 손으로 세워 입체감을 주어요. 그런 다음, 초록 색종이로 리본을 오려서 꽃잎 뒤에 붙여요.

감사장 드리기

감사 편지도 좋지만 선생님과 부모님을 위해 좀 더 특별하게 감사장을 만들어서 드려요. 큰 소리로 읽어 드리면 더욱 뜻깊을 거예요.

감사장 만드는 법

1. 도화지를 상장 크기 정도로 잘라요.
2. 감사장 내용을 쓰고, 색연필 등으로 주변을 예쁘게 장식해요.

감사장

엄마 이민주
아빠 김석준

위 분들은 김유정이 아기일 때부터 지금까지 잘 키워 주셨습니다. 덕분에 김유정은 멋진 어린이로 자랐습니다. 늘 사랑해 주셔서 고맙습니다.

사랑하는 딸 김유정 드림

| 5월 | **부처님 오신 날** 음력 4월 8일 |

불교에서 부처님의 탄생을 기념하는 날이에요. 부처님의 다른 이름인 석가모니가 태어난 날이라 해서 '석가 탄신일'이라고도 하고, 4월의 여덟 번째 날이라는 뜻으로 '초파일'이라고도 부르지요. 거리 곳곳에서 연등이 밝혀지고, 흥겨운 사물놀이가 벌어져요.

절에 찾아가기

부처님 오신 날에 절에 찾아가 봐요. 연등 달기와 예식을 마치면 절밥도 먹어요. 불교에서는 생명을 죽이는 걸 금지하기 때문에 고기 없이 나물 등으로 밥을 해 손님을 대접하지요.

탑돌이
부처님의 덕을 기리기 위해 절에는 탑이 세워져 있어요. 사람들은 탑 둘레를 돌며 기도하고 소원을 빌어요.

연등
소원이 적힌 연등을 절 마당에 높이 매달아요. 밤이 되면 환하게 불을 밝혀서 무척 예뻐요.

우리 가족 건강하게 해 주세요.

아들딸 하는 일이 잘되게 해 주세요.

6월

단오 음력 5월 5일

우리 조상들은 숫자 5에 태양의 기운이 있다고 믿었어요. 5월 5일은 태양의 기운이 두 배가 되는 좋은 날로 여겼지요. 그래서 이날에는 여러 행사와 잔치를 벌였어요.

창포물에 머리 감기
창포 삶은 물에 머리를 감아 나쁜 기운을 씻어 내는 의식이에요. 창포물은 머릿결을 부드럽게 하고, 비듬을 없애 주지요.

부채 선물하기
여름을 시원하게 나길 바라며 부채를 주고받아요. 이 부채를 '단오선'이라고 해요.

떡과 화채 먹기
쑥이나 수리취로 떡을 해 먹어요. 다가올 더위를 이겨 내기 위해 달콤하고 시원한 앵두화채도 먹어요.

그네뛰기
옛날에 마음대로 외출할 수 없었던 여자들이 이날에는 고운 옷을 차려입고 그네를 타며 먼 곳을 구경했대요.

씨름하기
모래판 위에서 한바탕 힘겨루기를 하는 전통 놀이예요.

6월

현충일 6월 6일

나라를 위해 싸우다 돌아가신 분들의 넋을 위로하는 날이에요. 옛날에는 6월에 있는 절기인 망종 때 나라를 위해 돌아가신 영웅에게 제사를 지내는 풍습이 있었지요. 그러다 6·25 전쟁이 일어난 다음, 당시 전쟁터에서 목숨을 잃은 군인들을 기리기 위해 이날을 정하게 되었어요.

현충일 등에 조기 다는 법
현충일 등 슬퍼하는 뜻을 나타내야 하는 날에는 태극기를 깃봉에서 세로 폭만큼 낮추어 달아요. 이렇게 다는 것을 '조기'라고 해요.

보통 국경일에 태극기 다는 법

하지 6월 21일경

지구와 태양의 위치 때문에 일 년 중 해가 가장 높이 떠 있는 날이에요. 그래서 낮이 가장 긴 날이기도 하지요. 내일부터는 해의 위치가 점점 낮아지고, 낮도 점점 짧아져요. 그러다 겨울철 동지 때가 되면 해가 가장 낮게 뜨고, 낮도 가장 짧아진답니다.

계절마다 다른 태양의 위치
지구는 태양을 중심으로 도는데, 지구의 자전축이 기울어져 있기 때문에 계절에 따라 태양의 위치가 달라요. 겨울에는 해가 낮게 떴다가 빨리 지고, 여름에는 해가 높게 떴다가 늦게 져요.

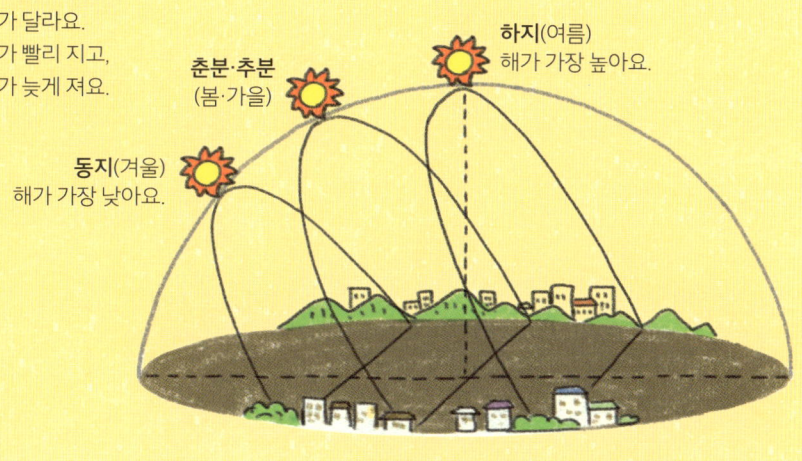

무더위 대비하기
우리나라 여름은 기온이 높고 습기가 많아요. 마치 찜통 안에 있는 것처럼 더워서 '무더위'라고 하지요. 무더위를 대비해 에어컨과 선풍기를 미리 꺼내어 청소해 둬요. 밖에 나갈 때는 부채나 미니 선풍기를 준비해요.

장마 대비하기
6월 말부터는 여러 날 계속해서 비가 내려요. '장마'라고 해요. 장마를 대비해 우산이나 장화를 준비해요. 비가 너무 많이 내리면 거리가 물에 잠기거나 앞이 잘 보이지 않아 사고가 나기 쉬워요. 눈에 잘 띄는 밝은 옷을 입고, 주변을 잘 살펴요.

6월 — 6·25 전쟁일 6월 25일

우리나라는 남과 북이 같은 민족이지만, 1950년에 일어난 6·25 전쟁 때문에 나라가 갈리고 서로 오가지 못하는 분단국가가 되었어요. 전쟁은 집과 마을을 모두 파괴하고 수많은 사람들의 목숨을 빼앗아 갔어요. 전쟁은 다시 있어서는 안 될 가슴 아픈 일이에요.

평화와 통일 빌기

맑은 날 경기도 파주나 강원도 철원에 가면 북한 땅이 보여요. 고향에 가지 못하는 실향민들, 가족과 헤어진 이산가족들은 이곳을 찾아와 멀리 북한 땅을 바라보며 그리운 마음을 달래요. 평화와 통일을 바라는 마음을 담아 종이비행기를 날려 봐요.
종이비행기에 통일을 비는 글을 적어도 좋아요.

평양까지 날려 보자!

평화의 종이비행기 만드는 법

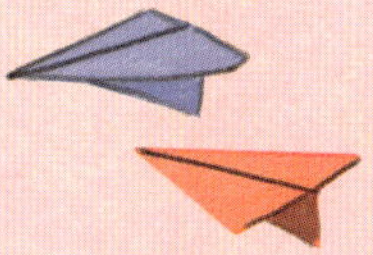

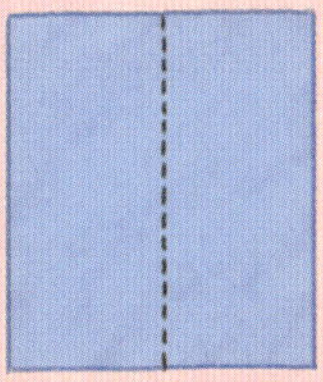

1. 세로가 더 긴 색종이를 반으로 접어서 표시선을 만들어요. 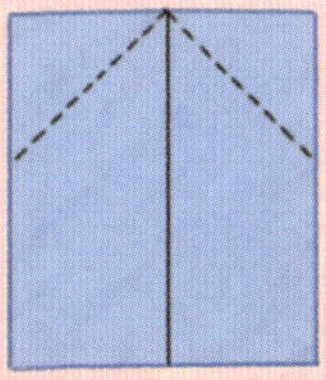
2. 표시선에 맞추어 양쪽 위를 삼각형으로 접어요. 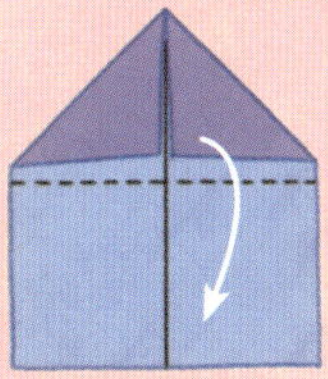
3. 점선에 맞추어 내려 접어요. 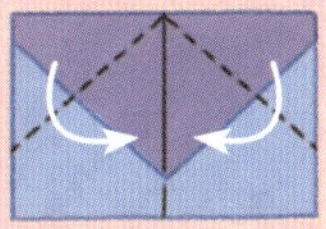
4. 양쪽 위를 삼각형으로 접어요. 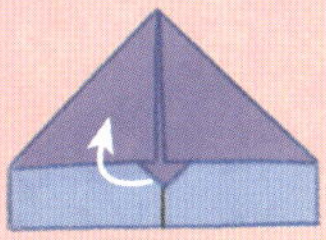
5. 작은 삼각형을 위로 접어요. 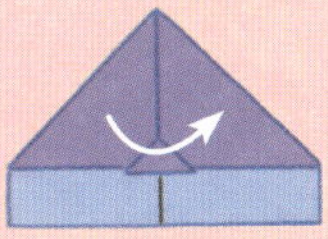
6. 뒤쪽으로 넘겨 반으로 접어요. 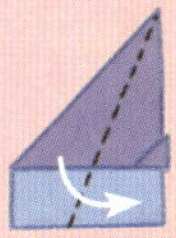
7. 앞장을 점선대로 접고 뒷장도 똑같이 해요.

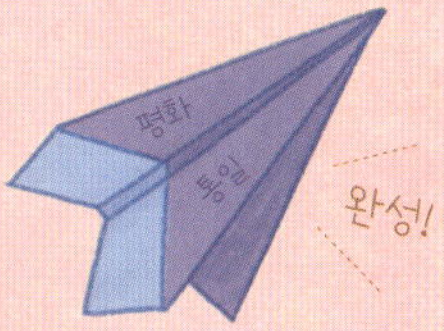

평화 통일 완성!

7월

여름 방학

7월부터 8월 중순

무더운 여름이에요. 뜨거운 햇볕에 땅이 후끈후끈 달아올라요.
조금만 움직여도 금방 땀이 나고요. 그래서 여름에는 다시 방학이 시작돼요.
건강을 잘 지키며 여름 방학을 신나게 보내요.

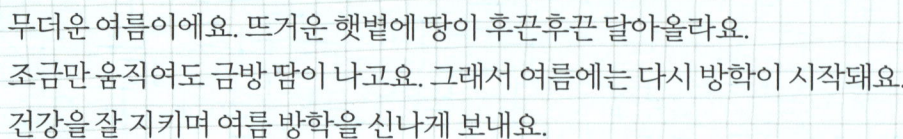

물놀이하기
해수욕장이나 수영장에서 물놀이를 해 봐요. 안전 수칙은 꼭 지켜요. 물에 들어가기 전에 준비 운동을 하고, 물 높이가 가슴보다 높은 곳은 들어가면 안 돼요. 물속에서 힘이 빠지지 않도록 한 시간 논 다음엔 물 밖에서 10분을 쉬도록 해요.

수영 배우기
수영을 정식으로 배워 두면 물놀이가 더 즐겁고, 물속에서도 안전해요. 수영할 때는 수영 모자와 물안경도 잊지 말아요.

7월

캠핑 떠나기
캠핑을 가면 자는 것이나 씻는 것이 불편하지만 도시에서 보지 못했던 많은 것들을 경험할 수 있어요.

숲속 곤충 관찰
곤충들은 제 몸을 지키기 위해 풀잎 아래, 나무줄기 사이에 꼭꼭 숨어 있어요. 곤충들이 놀라지 않게 조심조심 살펴요.

거미, 매미, 잠자리, 나비, 벌, 장수풍뎅이, 메뚜기, 무당벌레, 개미

밤하늘 별자리 관찰
북쪽 하늘에는 가장 밝은 별 하나가 있어요. 바로 북극성이에요. 그 옆에는 국자 모양을 한 일곱 개의 별이 있지요. 북두칠성이에요. 북극성을 중심으로 북두칠성의 반대쪽에는 알파벳 W 모양의 별자리가 있어요. 카시오페이아예요.

카시오페이아, 북극성, 북두칠성

북두칠성이나 카시오페이아는 어느 계절에나 관찰하기 쉬운 별자리지!

봉숭아 물들이기

봉숭아 꽃잎으로 손톱을 예쁘게 물들여요. 첫눈이 올 때까지 손톱에 봉숭아물이 남아 있으면 첫사랑이 이루어진다는 말도 있지요.

손톱 물들이는 법

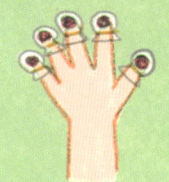
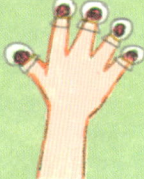

1. 봉숭아 꽃잎과 백반 가루를 절구에 넣고 콩콩 빻아요.

2. 곱게 빻은 것을 손톱 위에 가지런히 올려요.

3. 비닐로 싸고, 고무줄로 묶어요. 하룻밤 자고 나면 손톱이 곱게 물들어요.

더위를 이기는 음식 먹기

여름철 별미로 잠시 더위를 잊어 봐요. 시원한 것을 먹으면서 더위를 물리칠 수도 있고, 오히려 더 뜨거운 것을 먹으면서 더위를 이겨 낼 수도 있어요.

옥수수 / 수박과 참외 등 여름 과일 / 팥빙수 / 삼계탕

팥빙수 만드는 법

1. 우유를 냉동실에 넣고 세 시간 넘게 얼려요.

2. 꽁꽁 언 우유를 꺼내서 15분 정도 살짝 녹여요.

3. 포크나 숟가락으로 우유를 살살 긁거나 빙수기에 갈아요.

4. 갈아 낸 우유 얼음을 그릇에 담고 그 위에 단팥, 미숫가루, 연유, 과일 등을 마음껏 올려요.

7월 제헌절 7월 17일

대한민국 헌법을 처음 만들고 널리 알린 것을 기념하는 날이에요. 헌법은 나라에서 가장 기본이 되는 법이면서 최고의 법이에요. 모두가 지켜야 하고 아무나 바꿀 수 없어요. 헌법을 바꾸려면 대통령과 국회, 국민이 의견을 모아야 해요.

대한민국 헌법 제1조
"대한민국은 민주 공화국이다. 대한민국의 주권은 국민에게 있고, 모든 권력은 국민으로부터 나온다."

국민을 대표하는 일꾼, 국회 의원
국회에서는 법을 새로 만들고, 필요에 따라 바꾸는 일을 해요. 그곳에는 국민들이 투표로 뽑은 국회 의원이 있어요. 국가의 일을 모든 국민이 모여 의논할 수는 없어서 국민을 대표하는 사람을 두는 것이지요.

투표
대통령, 국회 의원, 지방 대표들은 투표(투표용지에 표시를 해서 내는 것)로 뽑아요. 투표는 만 19세 이상이면 누구나 할 수 있고(보통 선거), 한 사람에 한 표씩 할 수 있고(평등 선거), 내가 직접 가서 투표해야 하고(직접 선거), 어떤 후보를 뽑았는지 비밀로 해야 해요(비밀 선거).

국회 의사당
국회 의원들이 일하는 곳이에요. 서울 여의도에 있지요. 미리 신청을 하고 가면 국회 의원들이 토론하는 모습을 직접 볼 수 있어요.

여름휴가 7월 말부터 8월 초 (**유두절** 음력 6월 15일)

7월에는 여름휴가가 시작돼요. 유두절은 오늘날의 휴가 같은 전통 명절이에요. 옛사람들은 이날 시원한 냇물에 몸을 씻고 머리를 감았어요. 또 수박이나 참외 같은 여름 과일을 올리며 조상님께 인사를 드렸지요.

유두면
갓 수확한 밀로 만든 국수예요. 유두절 이름을 따서 유두면이라고 해요.

수단
쌀가루로 빚은 동그란 경단을 꿀물에 넣어 시원하게 먹어요.

수단 만드는 법

1. 쌀가루 2컵에 물을 부어 반죽해요.
2. 반죽을 동글동글하게 빚어서 경단을 만들어요.
3. 끓는 물에 넣어요. 다 익으면 동동 떠올라요.
4. 찬물에 헹구어 식혀요.
5. 꿀물에 얼음과 함께 넣어 먹어요.

8월

광복절 8월 15일

1945년 8월 15일, 우리나라는 일본의 식민 지배에서 벗어났어요.
이것을 '광복'이라고 해요. 그리고 1948년에는 대한민국 정부가 세워졌어요.
광복절은 이 둘을 모두 기념하는 날이랍니다.

8월

일본의 지배를 받는 동안 우리나라 남자들은 전쟁 군인으로, 여자들은 일본군 위안부로 끌려갔어요. 당시 간신히 목숨을 구한 할머니들은 지금 나눔의 집에 살며 일본이 저질렀던 나쁜 일들을 이야기하고 있어요. 매주 수요일에는 일본 대사관 앞에서 집회도 해요. 아직까지 일본에게 제대로 된 사과를 받지 못했거든요.

평화의 소녀상
위안부 피해 할머니들을 기리는 동상이에요. 우리나라뿐만 아니라 세계 곳곳에 세워져 있어요. 의자에 소녀가 앉아 있는데, 바닥에는 가슴에 나비를 품은 할머니 그림자가 그려져 있지요.

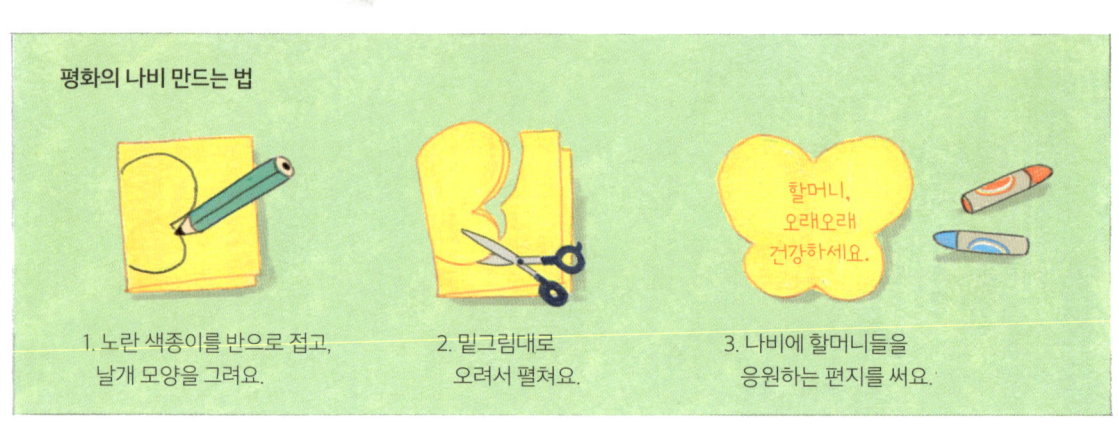

평화의 나비 만드는 법

1. 노란 색종이를 반으로 접고, 날개 모양을 그려요.
2. 밑그림대로 오려서 펼쳐요.
3. 나비에 할머니들을 응원하는 편지를 써요.

칠석 음력 7월 7일

옛날 하늘나라에 가축을 돌보는 견우와 옷감을 짜는 직녀가 살았어요. 첫눈에 반한 두 사람은 사랑에 빠져서 일은 안 하고 놀기만 했어요. 그러자 옥황상제님이 크게 화가 나서 두 사람을 은하수 양쪽으로 갈라놓았어요. 헤어진 둘은 1년에 딱 하루 까마귀와 까치가 날개를 잇대어서 만든 다리에서 만날 수 있었대요. 이날이 바로 칠석이에요.

9월

추분 9월 23일경

밤과 낮의 길이가 같은 날이에요. 어제까지는 낮이 조금 더 길었지만 내일부터는 밤이 더 길어져요. 농촌에 가면 벼가 잘 익어 누렇게 변해 가는 너른 들판을 볼 수 있어요. 가을이 되어 농부들의 일손은 더욱 바빠지지요.

9월

추석 음력 8월 15일

일 년 중 가장 밝고 둥근달이 뜨는 날이에요. 가을의 한가운데에 있는 큰 날이라 해서 '한가위'라고도 해요. 추석에는 햅쌀과 햇과일로 상을 차려 조상님께 차례를 지내요. 그러고는 가족들과 함께 음식을 나누어 먹지요.

차례 음식 준비하기

- 송편 빚기
- 전 부치기
- 햇과일 준비하기
- 차례상에 놓는 그릇인 제기 준비하기

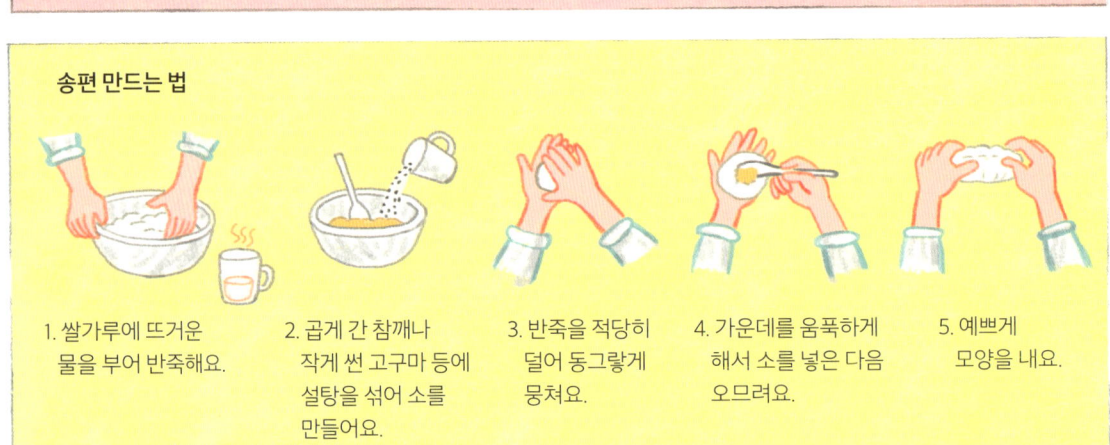

송편 만드는 법

1. 쌀가루에 뜨거운 물을 부어 반죽해요.
2. 곱게 간 참깨나 작게 썬 고구마 등에 설탕을 섞어 소를 만들어요.
3. 반죽을 적당히 덜어 동그랗게 뭉쳐요.
4. 가운데를 움푹하게 해서 소를 넣은 다음 오므려요.
5. 예쁘게 모양을 내요.

가을걷이
가을에는 잘 익은 곡식과 과일을 거두어들여요. 올해 난 것을 햅쌀, 햇과일 등으로 부르지요.

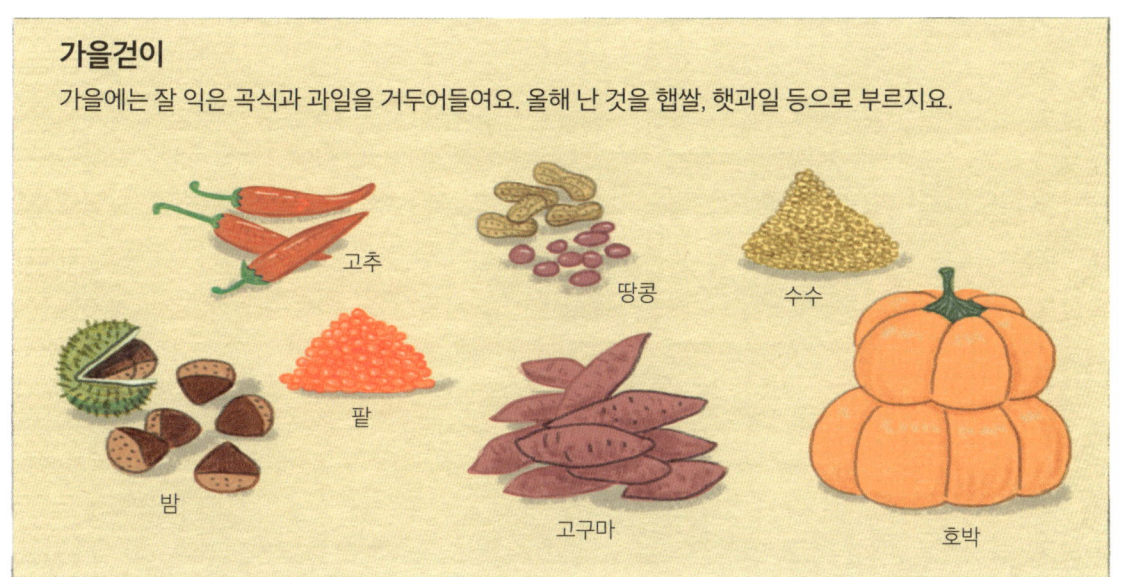

고향 찾아가기
명절이 되면 고향을 찾아가요. 고향에 가는 길을 '귀성길(귀향길)', 서울로 돌아가는 길을 '귀경길'이라고 해요. 한꺼번에 많은 사람들이 자동차나 기차로 움직이기 때문에 여느 때보다 오래 걸리지만, 보고 싶은 얼굴을 떠올리며 발길을 재촉해요.

벌초와 성묘하기
조상님이 계신 산소를 찾아요. 여름 동안 무성하게 자란 풀을 깎고, 장맛비로 파인 땅이 있으면 메우며 주변을 정리하는 것을 '벌초'라고 해요. 그런 다음 산소 앞에 간단하게 상을 차리고 절을 해요. 이것이 '성묘'예요.

9월

달 보며 소원 빌기

추석날 저녁에는 일 년 중 가장 밝고 둥근 보름달이 떠요.
환하게 빛나는 달을 보며 소원을 빌어 봐요.

우리 가족 항상 행복하게 해 주세요.

키가 쑥쑥 크게 해 주세요.

강강술래 하기

둥근 달이 뜨면, 넓은 마당이나 잔디밭에 여럿이 모여
서로 손을 잡고 둥글게 원을 그리며 노래를 불러요.
처음에는 노래를 느리게 부르면서 천천히 돌다가
차츰 빠르게 뛰며 돌면 정말 신나지요.

달 떠 온다
달 떠 온다
강강술래~
뛰어 보세
뛰어 보세
강강술래~

고궁 찾아가기

추석 연휴 동안 고궁에 가 봐요. 고궁은 옛날에 왕이 살던 궁궐이에요. 경복궁, 창덕궁, 창경궁, 덕수궁, 경희궁이 있지요. 명절에 고궁에 가면 여러 전통 놀이를 해 볼 수 있어요. 한복을 입고 가면 조선 시대로 시간 여행을 떠난 기분도 들겠지요?

널뛰기

투호

한복 입고 사진 찍기

국립민속박물관
서울 경복궁 안에 있는 생활문화 박물관이에요. 조상들의 집 모양과 옷차림, 쓰던 도구 등을 만나 볼 수 있어요.

10월

개천절 10월 3일

기원전 2333년에 단군이 이 땅에 고조선을 세운 것을 기념하는 날이에요. 고조선은 우리 민족의 첫 국가예요. 고조선과 함께 우리나라 역사가 시작됐지요. 이날은 강화도 마니산에 있는 참성단에서 하늘에 제사를 지내요.

강화도 마니산 참성단 소사나무
참성단 입구에 있는 소사나무예요.
그 모습이 아름다워 천연기념물로 지정되었지요.

마니산 참성단
강화도 마니산 꼭대기에 있는 제단이에요.
단군이 하늘에 제사를 지내던 곳이라는데,
지금도 개천절이 되면 이곳에서 제사를 지내요.

10월

하늘 신의 아들 환웅이 태백산으로 내려와 인간 세상을 다스릴 때예요. 곰과 호랑이가 찾아와 사람이 되고 싶다고 말했어요. 환웅은 쑥과 마늘을 먹으며 100일을 동굴에서 견디라고 했어요. 하지만 호랑이는 참지 못해 떠났고, 곰만 남아서 21일을 버티다가 여자가 되었지요. 환웅은 곰에게 '웅녀'라는 이름을 주고 결혼해서 단군을 낳았어요. 단군은 우리 최초의 나라 고조선을 세우고 첫 번째 왕이 되어 1,500년 동안 나라를 다스렸답니다.

단군 신화와 고조선

한글날 10월 9일

세종 대왕이 한글을 만들고 널리 알린 것을 기념하는 날이에요. 한글을 쓰기 전에 우리 백성들은 중국 글자를 빌려 썼어요. 하지만 중국 글자는 우리말과 다르고 매우 어려워서 불편했어요. 세종 대왕은 집현전 학자들과 함께 연구해 누구나 쉽게 배우고 편리하게 쓸 수 있는 우리 글자를 만들어 냈어요. 그게 바로 한글이랍니다.

세종 대왕 동상
서울 광화문 광장에 있어요. 동상 뒤쪽으로 올라가면 세종 대왕이 계시던 궁궐, 경복궁도 있지요.

한글의 원리

한글의 자음은 입술과 목구멍, 혀 같은 발음 기관의 모양을 본떠 만들었어요. 모음은 하늘, 땅, 사람을 나타내는 ㆍ, ㅡ, ㅣ를 이리저리 합쳐서 ㅏ, ㅓ, ㅗ, ㅜ로 만들었고요. 오늘날 기본 24개의 자음과 모음을 합치면 어떤 소리든 다 적을 수 있지요.

자음 
- 혀뿌리 모양을 본뜬 ㄱ
- 혀 모양을 본뜬 ㄴ
- 이 모양을 본뜬 ㅅ
- 목구멍 모양을 본뜬 ㅇ
- 입술 모양을 본뜬 ㅁ

모음 
- 하늘
- 땅
- 사람

10월 가을 소풍

가을 하늘은 구름 한 점 없이 맑고, 산에는 알록달록 단풍이 들어 한 폭의 그림 같아요. 길가에는 코스모스가 하늘거리고, 곱디고운 쑥부쟁이와 국화가 여기저기 피어나요. 바람도 좋고 볕도 좋은 가을날에 산으로 들로 소풍을 떠나요. 예쁜 꽃과 낙엽으로 가지고 놀 것을 만들면 재밌어요.

단풍잎
은행잎
코스모스
쑥부쟁이
국화

식물 장난감 만들기

꽃 머리띠 만드는 법
1. 기다란 풀 줄기를 모아 머리를 땋듯이 길게 엮어요.
2. 둥글게 묶은 다음 줄기 사이사이에 꽃을 꽂아요.

강아지풀 수염 만드는 법
1. 강아지풀을 줄기 쪽을 조금 남기고 반으로 쪼개요.
2. 코밑에 붙여요.

낙엽 왕관 만드는 법
1. 깨끗한 낙엽을 모아서 잘 말려 둬요.
2. 색도화지를 길게 띠 모양으로 자르고 이어 붙여서 왕관 틀을 만들어요.
3. 잘 말린 낙엽을 2에서 만든 틀에 예쁘게 붙여요.

핼러윈 10월 31일

핼러윈은 미국의 기념일인데 요즘은 우리나라에서도 즐겨요. 이날에는 나쁜 귀신들이 사람의 몸속으로 들어온다고 해서 사람들이 스스로 귀신으로 꾸며 귀신들이 알아보지 못하게 했대요. 이 전통이 이어져서 핼러윈이 되면 어린이들은 귀신이나 마녀, 해골 분장을 하고 동네를 돌며 과자나 사탕을 얻어요.

과자나 사탕 얻으러 다니기
무섭게 분장을 하고 이웃집에 찾아가요.
"과자를 안 주면 장난칠 거예요!"라고 외치면
과자나 사탕, 초콜릿을 얻을 수 있어요.

잭오랜턴
늙은 호박에 눈, 코, 입을 파고
안에 초를 넣어 만든 등이에요.

과자를 안 주면 장난칠 거야!

11월

입동 11월 8일경

겨울이 시작되는 날이에요. 이제 긴 겨울을 날 준비를 해야 돼요. 찬바람이 들어오지 못하게 문틈에는 문풍지를, 창문에는 뽁뽁이를 붙여요. 봄에 넣어 두었던 난로와 전기장판을 꺼내서 먼지를 닦고, 겨울옷도 꺼내 두어요.

옷장 정리하기
한동안 입지 않을 옷들은 차곡차곡 개서 서랍이나 상자에 넣어요.
옷 사이사이에 종이를 끼우면 옷에 보풀이 덜 생기고 눅눅해지지 않아요.

11월

온 가족 김장 담그기

입동 무렵이면 올해의 마지막 배추와 무를 수확해요. 그러고는 겨울 동안 먹을 김치를 미리 만들어 둬요. 오래 두고 먹을 거라 양이 꽤 많아서 온 가족이 함께해요. 김장하는 날은 보쌈을 먹는 날이기도 해요. 절인 배추에 푹 삶은 고기와 김칫소를 올려 싸 먹으면 맛이 그만이에요.

소금물에 10시간 넘게 푹 절인 배추

채 썬 무와 고춧가루, 젓갈을 넣고 버무린 김칫소

파

소금

고춧가루

김장 담그는 법
절인 배추에 김칫소를 문질러 버무린 다음 동그랗게 오므려요. 통에 가지런히 담아서 김치냉장고에 넣거나 김장독에 묻어요.

여러 가지 김치
김치는 만드는 방법과 재료에 따라 종류가 다양해요. 지역에 따라 유명한 김치들도 있어요.

배추김치 · 동치미 · 총각김치 · 깍두기 · 갓김치

겨울에는 날씨가 추워서 감기에 걸리기 쉬워요. 옷을 따뜻하게 챙겨 입고 감기 예방 규칙을 잘 지키면 건강하게 겨울을 날 수 있어요. 모과나 유자처럼 비타민이 많이 들어 있는 과일 차를 만들어서 자주 마시는 것도 좋아요.

12월

대설 <small>12월 8일경</small>

눈이 가장 많이 온다는 절기예요. 대설에 함박눈이 내리면 내년에 풍년이 든다고 해요. 눈이 포근한 이불처럼 땅을 덮으면 농사를 돕는 땅속 곤충들과 미생물들이 얼어 죽지 않거든요.

눈사람 만들기
함박눈은 잘 뭉쳐져요. 동그랗게 뭉친 눈을 데굴데굴 굴리면 눈사람을 만들 수 있어요.

눈 치우기
눈이 내린 채로 꽁꽁 얼면 길이 미끄러워서 지나다니는 사람들이 다칠 수 있어요. 눈이 어느 정도 그치면 빗자루나 넉가래로 쓸어 한쪽에 모아요.

넉가래

12월

동지 12월 22일 또는 23일

밤이 가장 긴 날이에요. 내일부터는 낮이 조금씩 길어져요. 그래서 이때를 새로운 한 해가 시작되는 날로 여기고 '작은설'이라고 부르기도 했어요. 동짓날 날씨가 따뜻하면 이듬해에 전염병이 많이 돈다고 해요. 반대로 날이 춥고 눈이 내리면 풍년이 든다고 하지요.

그림자놀이 하기

동짓날 밤에 불을 다 끄고 그림자놀이를 해 봐요. 스마트폰 플래시를 벽에 쏘아요. 불빛 가까이에서 손을 움직여 동물 그림자를 만들어요. 벽에 비친 그림자를 보고 어떤 동물인지 맞혀요.

새   여우   개

동지 팥죽 먹기

예부터 동짓날에는 붉은팥으로 죽을 만들어 먹었어요. 팥의 붉은색은 나쁜 귀신을 쫓는다고 하지요. 또 작은설인 동지에 팥죽을 먹어야 한 살을 더 먹는다고도 해요. 팥죽 안에는 나이만큼 새알심을 넣어요. 새알심은 찹쌀 반죽을 동그랗게 뭉쳐서 만들어요.

복주머니 만들기

동짓날 긴 밤에는 다가올 새해를 기다리며 복주머니를 만들었어요. 복주머니에는 복을 불러들인다는 의미를 담아 복을 뜻하는 '복(福)'이나 오래 살라는 뜻의 '수(壽)', 부자가 되라는 뜻의 '부(富)' 자를 새겨 넣기도 했어요.

복주머니 만드는 법

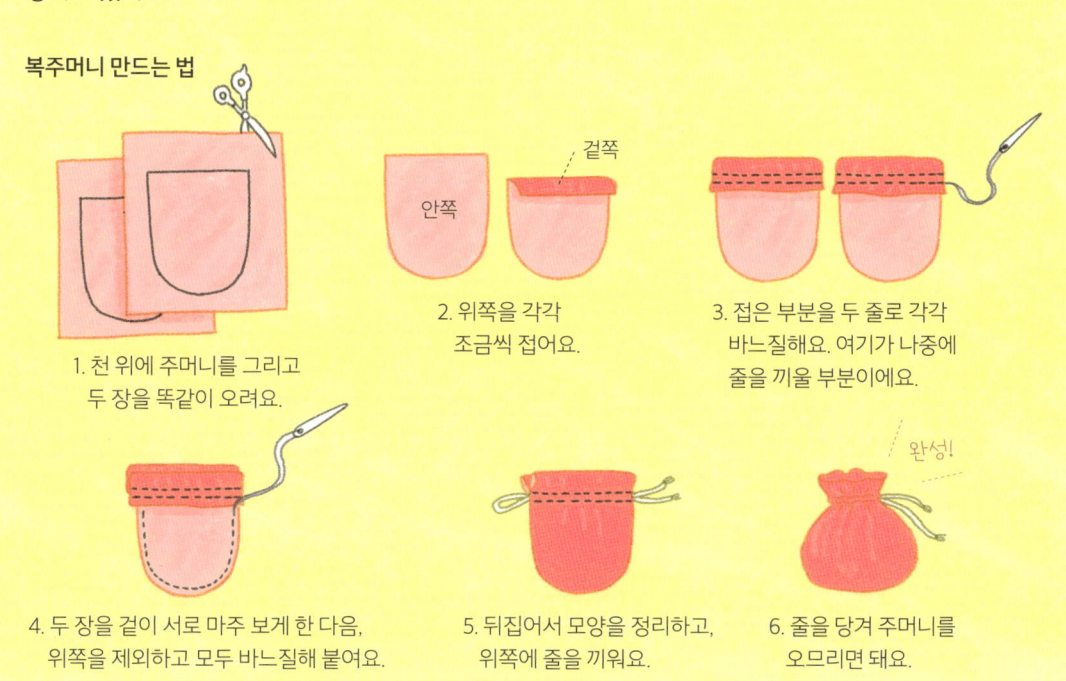

1. 천 위에 주머니를 그리고 두 장을 똑같이 오려요.
2. 위쪽을 각각 조금씩 접어요.
3. 접은 부분을 두 줄로 각각 바느질해요. 여기가 나중에 줄을 끼울 부분이에요.
4. 두 장을 겉이 서로 마주 보게 한 다음, 위쪽을 제외하고 모두 바느질해 붙여요.
5. 뒤집어서 모양을 정리하고, 위쪽에 줄을 끼워요.
6. 줄을 당겨 주머니를 오므리면 돼요.

12월

크리스마스 12월 25일

아기 예수가 탄생한 것을 기념하는 날이에요. '성탄절'이라고도 하지요. 기독교의 명절이지만 우리나라에서는 종교에 상관없이 모두가 즐기는 축제예요. 이때가 되면 거리마다 예쁜 트리와 장식들이 반짝여요. 가족끼리 친구끼리 카드와 선물도 주고받지요.

크리스마스 예배 드리기
크리스마스에 교회에 찾아가 봐요. 교회에서는 아기 예수의 탄생을 축하하는 예배를 드려요. 예배가 끝난 다음에는 연극이나 노래를 하면서 축하해요. 이날 어린이들에게는 과자와 초콜릿을 나누어 주기도 한답니다.

크리스마스트리 만들기
크리스마스트리는 전나무를 전등과 장식품으로 꾸미는 거예요. 온 가족이 트리를 만들어 집을 장식해 봐요.

간단한 트리 만드는 법
1. 초록색 부직포를 나무 모양으로 잘라요.
2. 하얀색, 노란색, 빨간색 부직포를 별 모양, 양말 모양 등으로 오려서 나무에 붙여요.
3. 스티커를 붙이거나 색종이를 더 오려 붙여 예쁘게 꾸며요.

'산타클로스'라고도 하는 산타 할아버지를 기다려 본 적 있나요? 일 년 동안 착한 어린이로 지냈다면 크리스마스에 산타 할아버지에게 멋진 선물을 받을 수 있다고 하지요.

산타 할아버지
옛날에 니콜라스라는 가톨릭교회의 신부님이 있었는데, 남몰래 좋은 일을 많이 했대요. 신부님이 돌아가신 뒤 사람들은 신부님의 착한 일을 본받기 위해 산타클로스 전통을 만들었지요. 그것이 지금까지 전해 오고 있어요.

12월 마지막 날 12월 31일

한 해의 마지막 날입니다. 가족들과 모여서 한 해를 돌아봐요. 새해의 다짐과 하고 싶은 일도 생각해 봐요. 곧 학년도 올라 학교에서 언니, 오빠가 될 거예요. 자고 일어나면 키도 마음도 한 뼘 쑥 자라 있으면 좋겠어요.

한 해 돌아보기

올 한 해 있었던 일들을 떠올려 봐요. 생각이 잘 안 나면 일기장을 찾아봐도 좋아요. 기뻤던 일, 슬펐던 일, 재미있었던 일, 미안했던 일 등을 돌아봐요. 올해 가장 친하게 지냈던 친구, 재미있게 읽은 책도 종이에 적어요. 일 년이 지나서 또 한 해의 마지막 날이 됐을 때 꺼내 보면 재미있겠지요?

제야의 종소리 듣기

12월 31일 밤 12시, 그러니까 1월 1일 0시가 되면 서울 보신각에서 종을 33번 쳐요. 이것을 '제야의 종'이라고 해요. 종을 33번 치는 것은 새해를 맞는 모든 사람들이 건강하라는 뜻이지요. 묵은해를 보내고 새해를 맞는 오래된 의식이에요.